I0830090